AF196440

Andreas Müller-Belling

FÜNFE MINÜT

Gedanken zur Menschwerdung
des Menschen

© 2015 tao.de in J. Kamphausen Mediengruppe GmbH, Bielefeld

Autor: Andreas Müller-Belling

Verlag: tao.de in J. Kamphausen Mediengruppe GmbH, Bielefeld
ISBN: 978-3-95802-543-1
Printed in Germany

Bibliografische Information der Deutschen Nationalbibliothek: Die Deutsche Nationalbibliothek verzeichnet diese Publikation in der Deutschen Nationalbibliografie; detaillierte bibliografische Daten sind im Internet über http://dnb.d-nb.de abrufbar.

Inhaltsverzeichnis

Das Heil der Menschheit liegt
In der Gemeinschaft der Bodhisattvas!

Die Jugend

Gegenüber Kindern haben Eltern eine Bringschuld. Das heißt, dass die Eltern für eine Grundversorgung verantwortlich sind, wie beispielsweise Essen oder Kleidung. Aber es geht bei Kindern natürlich nicht nur um Materielles! Eltern müssen ihre Kinder auch zu Vertrauen und vor allem zur Liebe erziehen. Die Eltern müssen als erste Zuneigung und Liebe signalisieren! Das heißt auch, dass Eltern als erste zu ihrem Kind sagen müssen, dass sie es lieb haben. Wenn die Eltern das machen, sagt das Kind auch, dass es die Eltern lieb hat! Ganz automatisch! Ablehnung und Zurückweisung machen das Kind hingegen psychisch krank. Der Bioenergetiker spricht dabei von einer schizoiden Prägung. Dazu muss man sagen, dass wir Menschen unser ganzes Leben geprägt werden, so zum Beispiel durch unsere Partnerin, unsere Freunde, unseren Wohnort und durch unseren Beruf. Bei Karrieretypen merkt man oft, dass sie hohe Erwartungen an sich selbst und ihre Mitarbeiter haben. Es muss alles so laufen, wie sie es sich vorstellen und das erwarten sie oft auch von ihrer Familie. Gefährlich wird es, wenn Eltern eine Karriere in ihre Kinder hineinprojizieren! Wenn Mutter beispielsweise gerne Eiskunstläuferin geworden wäre, darf sie das nicht von ihren Kindern automatisch erwarten, selbst dann nicht, wenn sie es selber geschafft hat. Kinder sollen natürlich gefördert werden, aber sie sind nicht Eigentum der Eltern, sondern werden mit ihrer Geburt in die Familie aufgenommen.

Gott hat uns Menschen drei Sollbruchstellen eingepflanzt, bei denen wir unwillkürlich Bilanz ziehen, um unseren zukünftigen Lebensweg gegebenenfalls zu korrigieren. Der Psychologe spricht dabei von

1. Pubertät

2. Midlife-Crisis

3. Altersdepression

Diese Sollbruchstellen müssen nicht zwangsläufig ein Fall für den Psychologen sein, aber es kriselt doch schon bei dem einen oder anderen. Auch in der Pubertät.

Im Jugendalter ist man mit Beginn der Strafmündigkeit, also mit 14. Mit 12 ist man vielleicht kein Kind mehr, aber auch noch nicht jugendlich – ein problematisches Zwischenalter. Ähnlich ist es zwischen dem Jugendstatus und dem Erwachsenenalter. Mit 14 ist man noch nicht voll in der Verantwortung, muss aber schon Teilverantwortung übernehmen. Wenn man zum Beispiel meint, seine schulischen Pflichten vernachlässigen zu dürfen oder wenn die Freizeit nur aus Alkohol und Scheiße bauen besteht, trägt man ab dem 14. Lebensjahr schon für sich und seine Mitmenschen Teilverant-wortung. Die mahnenden Worte und gut gemein-ten Ratschläge unserer Lehrer und Erzieher haben wir damals als „Hirtenwort" und „moralinsauer" bezeichnet. Das war teilweise auch so, aber halt nur teilweise. Oft haben die Erwachsenen mit ihrer Lebenserfahrung auch Recht.

Aller Laster Anfang beginnt mit Rumtreiberei. Die meisten Jugendlichen, die eine schwierige Pu-bertät durchmachen, fangen sich aber irgendwann wieder. Manche bleiben aber auch auf der Strecke. „Versumpfen" oder trinken sich zu Tode. Nicht nur Amy Winehouse und Whitney Houston. Ich kenne solche Schicksale. Man muss sich sein gan-zes Leben lang ein Mindestmaß an Ehrgeiz erhal-ten, sonst kann es schief gehen. Man bleibt quasi als Loser übrig, während andere ihren Weg gehen. Man braucht aber Erfolgserlebnisse, sowohl beruf-lich als auch privat, sonst wird es trostlos.

Jugendliche suchen Integrationsfiguren und Idole. Oft werden diese ihrer Vorbildfunktion gar nicht gerecht. Vielleicht unterschätzen sie ihren Einfluss. Man braucht nur die Klatschspalten der Zeitungen zu lesen, um zu wissen, was sie an Fehlverhalten an den Tag legen. Angefangen bei amourösen Abenteuern bis hin zum Drogentod. Zu hohe Ansprüche darf man sicherlich nicht ha-ben, wir haben alle unsere Fehler und Schwächen. Manche Jugendidole übertreiben es allerdings wirklich. Die verschiedenen Musikrichtungen mögen ihre Berechtigung haben, es gibt aber auch Entgleisungen. So wird zu bestimmter Musik gerne hospitalisiert, das heißt man wackelt mit dem Kopf oder wippt mit dem Oberkörper. „Hospitalisieren" ist ein psychologischer Begriff und bedeutet übersetzt „Nein, nein, nein". Jugendlicher Protest ist keine Seltenheit und mag auch durchaus verständlich sein. Man möchte nicht mehr brav sein und besitzt einen großen Oppositionsgeist, der für das Jugendalter typisch ist. Ich erinnere dabei an den Gründungsparteitag der Grünen 1980. Heute mögen die jungen Leute das Chaos von damals gar nicht mehr zu deuten wissen. Was hatte das mit Politik zu tun? Psychiatrisch astrein war das damals auch nicht. Die Grünen waren eine reine Anti- und Protestbewegung. Da sollte mit Gewalt das Gegenteil von dem durchgepeitscht werden, was die damaligen Grünen im Jugend- und Kindesalter als Normen und Zwänge kennengelernt haben. Der Psychologe nennt dieses Symptom „gegenabhängig". Man will etwas ändern, ist aber noch nicht frei von seiner Prägung und Erziehung.

Viele Schulabgänger müssen sich schon mit 15 oder 16 Jahren entscheiden, welchen Beruf sie fürs Leben wählen. Das geht oft gut, aber eigentlich ist man in diesem Alter noch zu jung. Glücklicherweise gibt es in Deutschland die Möglichkeit, sich noch später über den 2. Bildungsweg positiv zu verändern. Es taucht die Frage auf: Was ist unsere Arbeit und was ist unsere Berufung, das kann das Gleiche sein, muss es aber nicht. Berufung ist immer etwas Gemeinnütziges und Gutes, zum Beispiel Kinderkrankenschwester, Arzt oder Polizist.

Mit 18 Jahren ist man zwar offiziell volljährig, aber ein paar Jahre später sieht die Welt schon wieder ganz anders aus. Mit 21 ist man juristisch voll strafmündig. Dann beziehungsweise wenige Jahre später muss man so weit sein, dass man erwachsenes Sozialverhalten zeigt und für sich und für andere Verantwortung übernimmt, und zwar zu 100%. Dann ziehen keine Ausreden mehr wie frühkindliche Prägung oder jugendlicher Gruppenzwang. Mit Mitte 20 muss man Butter bei die Fische tun. Danach ist das Alter nicht mehr so entscheidend!

Die Freundschaft

Gott hält sich nicht für das Wichtigste. Für Atheisten ist er das sowieso nicht. Da ist er ohne jede Illusion. Aber auch für uns fromme Menschenkinder ist er es nicht, wenn man sachlich bleibt. Gott ersetzt kein soziales Umfeld. Das Wichtigste im Leben ist ein guter Rückhalt durch Freunde und Familie. Jeder, der etwas älter ist, weiß dass Frauen und Männer in unser Leben treten, die uns nur für eine begrenzte Zeit begleiten, der eine vielleicht für nur ein Jahr, die andere vielleicht für fünf Jahre. Man hat es nie wieder so leicht, Freunde oder eine Geliebte zu finden, wie als Schüler oder als Student. In diesem Alter sind die meisten Singles und kommen fast täglich zusammen. Als junger Mensch ist man meist auch offener und geselliger als mit dreißig, geschweige denn vierzig. Mit Mitschülern oder Kommilitonen trifft man sich eher als mit Arbeitskollegen oder Nachbarn. Ziel ist es, belastbare und dauerhafte Beziehungen aufzubauen. Besonders gefragte und loyale Menschen haben im Laufe der zurückliegenden Leben sogenannte

Dualseelen

erworben. Das sind Frauen und Männer, die man mitunter schon vor 2000 Jahren kannte und die immer wieder in unser Leben treten: als Ehefrau, als Freund, als Mitarbeiter usw.

Interessant ist bei Kontakten auch die Art der Kommunikation. Wenn man versucht, sich in Gesprächen immer in den Mittelpunkt zu bringen, womöglich mit Eigenlob, Prahlerei und Klagen, ziehen sich die anderen mehr und mehr zurück. Man kann so in die Isolation gleiten. Je mehr man von der Kommunikation abgeschnitten wird, desto verzweifelter versucht man, sich wieder einzubringen. Das kann mitunter sehr penetrant sein und zu noch mehr Isolation führen. Der Psychologe nennt diesen Teufelskreis das „narzisstische Prinzip". Oft liegen die Ursachen dafür schon in früher Kindheit, etwa durch eine Mutter, die jeden Annäherungsversuch des Kindes abgewiesen hat. Was macht beliebt – Narzissmus natürlich nicht. Narzissmus zeigt eine falsch verstandene Selbstverliebtheit an. Verantwortung übernehmen hingegen macht beliebt! Nicht nur, dass Menschen zu Recht unbeliebt sind, die die Schuld immer bei anderen suchen, sondern wenn jemand eine sympathische Ausstrahlung hat, wird das auch mit der Übernahme von Verantwortung zusammenhängen. Für Gespräche gilt, was im Freundeskreis allgemein geboten ist: eine Hand wäscht die andere und nicht immer der Gleiche bringt sich ins Gespräch. Es ist auch interessant, was so en passant geredet wird, wenn man einen Bekannten zwischen Tür und Angel trifft oder auf der Straße. Viele Freundschaften beginnen mit „small talk". Dabei kommt es auf die sogenannte Chemie an. Bei small talk kommt es ja meistens nur darauf an, etwas zu sagen, anstatt stur aneinander vorbei zu gehen. Das hängt auch von der ortsüblichen Mentalität ab. Oft lassen die Menschen vom Dorf mehr Nähe zu als die Menschen in der anonymen Großstadt. Die Städter müssen aufpassen, dass wertvolle Kontakte überhaupt zu Stande kommen, statt dass sie ungenutzt an ihnen vorbeiziehen. In Hamburg oder anderen Großstädten gibt es 1000mal mehr Emeriten als in den Alpen. Kontaktarmut ist in Hamburg nichts Besonderes, aber auch in den Dörfern hat es sich so entwickelt, dass man seine Nachbarn mitunter gar nicht kennt. Das hängt auch mit den großen Wanderungsbewegungen zusammen, die sich in den letzten Jahrzehnten vollzogen haben.

Wir sind alle ein bisschen neugierig. Das liegt daran, dass der Mensch ein Herdentier ist und kein klassischen Einzelgänger. Aber Neugierde wird nicht überall gleich definiert. Nehmen wir ein Beispiel: eine kleine Bauernschaft am Rande eines Dorfes zählt ungefähr 100 Einwohner, die meisten Familien sind schon seit mehreren Generationen ansässig. Dass sich diese Menschen relativ gut untereinander kennen, muss auch dem Städter einleuchten. Natürlich kennen die Bewohner der Bauernschaft auch Privatsphäre, aber das, was der Hamburger unter Neugierde versteht, kennen sie nicht. Die meisten Hamburger werden so erzogen, die eigene Privatsphäre konsequent abzuschotten. Dabei kann manches Gespräch auf der Strecke bleiben. Was ist der Unterschied zwischen Neugierde und berechtigtem Interesse? Wenn Angela Merkel einen Unfall hatte oder ernster erkrankt ist, hat die Bevölkerung natürlich ein berechtigtes Interesse, das zu erfahren. Bei Prominenten ist es eine Wertschätzung der eigenen Anhängerschaft, in einem gewissen Rahmen Persönliches mitzuteilen. Wie persönlich das ist, muss jeder Promi selbst entscheiden. Wenn ein Nachbar im Sterben liegt oder ein ehemaliger Schulfreund einen Motorradunfall hatte, fällt das auch noch unter berechtigtem Interesse. Problematisch wird es, wenn wirklich öffentlich Privatismen gehandelt werden, die niemand über sich in der Öffentlichkeit hören möchte, vor allem auch nicht als Tratsch. Wir fragen uns:

- Leiste ich einen entscheidenden Beitrag, wenn es um Tratsch geht?

- Bin ich als fast perfekter Drehbuchautor bekannt, wenn es darum geht, an den Tratsch den richtigen Schmäh zu kriegen?

Wir haben bei uns im Dorf einen Mann, der die allwissende Müllhalde genannt wird. Er hat nicht viele Hobbies, sein größtes ist das Wühlen im Privatleben anderer Leute. Allwissende Müllhalden gibt es wohl ein paar mehr. Das sind Leute, die glauben alles wissen zu müssen und auch wissen zu dürfen. Beides ist natürlich falsch. Es gibt auch Leute, von denen man weiß, dass sie nicht zu viel mitkriegen dürfen, weil sie bekannt dafür sind, alles weiter zu erzählen. Über andere reden und über andere zu tratschen ist ein Unterschied.

- Soll jemand auf möglichst peinliche Weise bloßgestellt werden?

- Soll jemand lächerlich gemacht werden?

- Soll jemand schlecht gemacht und in seinem Ansehen geschadet werden?

- Weiß ich, was Rufmord ist?

Dass man mitunter über andere reden möchte oder etwas loswerden muss, ist sonnenklar. Das geht dann aber ums Probleme wälzen. Wenn das Ganze aber in Tratsch ausartet, betritt man ein gefährliches Terrain! Es geht dann um:

- Gerüchtetransportierer

- Giftmischer

- Böse Zunge

Die Klatschbasen machen einen entscheidenden Denkfehler: Sie glauben, sie seien die einzigen, über die nicht hergezogen wird. Aber je mehr allwissende Müllhalden und Klatschbasen man in seinem Umfeld hat, desto größer die Wahrscheinlichkeit, dass über einen selbst hergezogen wird, immer vorausgesetzt, dass man nicht anwesend ist.

Noch ein letztes zum Thema Freundschaft. Eine Beerdigung ist immer ein Ereignis der Sprachlosigkeit und Betroffenheit. Jeder ringt um die richtigen Worte und ist froh, wenn ein anderer die Ansprache hält. Es gibt Musikschaffende, die sich auch ihre Gedanken gemacht haben und durchaus mit dem einen oder anderen Song einen Beitrag auf einer Beerdigung leisten können.

Beispiele:

- Heinz Schenk „Es ist alles nur geliehen"

- Peter Alexander „Sag beim Abschied leise Servus"

- Heidi Kabel „In Hamburg sagt man Tschüss"

- Truck Stop „Nur ein alter Schuhkarton"

- Pur „Letzter Walzer"

Es gibt in anderen Sprachen natürlich auch ähnliche Lieder. Setzen Sie sich damit ruhig auseinander. Eine Beerdigung darf nie nach „Aus dem Leben – aus dem Sinn" riechen und erst recht nicht nach „Klappe zu – Affe tot". Es gibt ganz erbärmliche Beerdigungen, wo der Verwaltungsfachangestellte, der in der Kommune Beerdigungen abwickelt, der Einzige ist, der am Grab steht. Das ist mittlerweile auch schon in Dörfern so. Entfremdung und Isolation sind überall in Deutschland ein gängiges Thema. Ich sage nicht, dass man auf jede Beerdigung gehen muss, aber auf eine Beerdigung zu gehen heißt immer, dem Verstorbenen die letzte Ehre zu geben.

Liebe kann man nicht genau erklären. Es gibt Menschen, die eigentlich gar keine Liebe kennen. Sie setzen Liebe mit Sex gleich und orientieren sich bloß an einem attraktiven Äußeren. Wer keine Liebe kennt, kann auch keine Liebe geben. Etwa die Mutter, die es einfach nicht über ihre Lippen kriegt, ihrem Kind zu sagen „ich hab dich lieb", sondern sagt „ich hab dich nur lieb, wenn du mich lieb hast" oder die sogar sagt „ich habe dich nie lieb". Es gibt auch Freundeskreise, die auf den Cent genau abrechnen. Wenn einer eine Kiste Bier besorgt, muss jeder pro Flasche, die er trinkt, 57 Cent zahlen, nicht mehr und nicht weniger. Schließlich will ja keiner einen finanziellen Verlust machen. Man hat selbst unter Freunden nichts zu verschenken. Liebe wird ein Zusammenspiel von Grundkonsens und Ergänzung sein. Je weniger Liebe vorhanden ist, desto penetranter drängt an ihre Stelle die Frage nach der Macht: „Was habe ich hier zu sagen" und „Was habe ich hier für Rechte". Das gilt nicht nur für Paarbeziehungen.

Das Beste ist, wenn man feststellen darf, dass man genug zu sagen hat und die Mitmenschen, die mit einem zu tun haben, auch. Es ist eine gute Frage, ob sich Männer oder Frauen untereinander auch lieb haben trotz heterosexueller Orientierung. Natürlich heißt die Antwort ja. Ein Mann hat normalerweise mehr männliche Freunde als weibliche. Bei Frauen ist das auch normal, dass sie mehr gleichgeschlechtliche Freunde haben als männliche. Das hat mit sexueller Ausrichtung gar nichts zu tun. Wenn jemand seinen Hund lieb hat, ist ja noch kein Sodomist! Wir müssen Liebe und Sex klar voneinander trennen. Bei gleichgeschlechtlichen Freundschaften ist ein großer Grundkonsens eher gegeben als in Heterobeziehungen, wobei in Heterobeziehungen der Ergänzungscharakter größer ist. Frau und Mann sind nicht gleich, aber sie brauchen einander. Die Frau ist nicht das Gegenteil vom Mann, auch nicht die Opposition, sondern die Ergänzung. Die eigene Ehefrau muss auch immer ein guter Freund sein, sonst kann man es besser sein lassen!

Probleme in der Paarbeziehung sind oft karmisch bedingt und in früher Kindheit geprägt. Mutter ist die erste Frau im Leben, Vater der erste Mann. So viele Kinder wie heute, die ohne Vater aufwachsen, hat es noch nie gegeben. Das wird sich noch zeigen, wo diese Kinder ihre männliche Integrationsfigur hergeholt haben. Zur Prägung gehören immer zwei, die weibliche und die männliche Integrationsfigur. Eine sehr negative Prägung zeigt sich in einer heillosen Verstrickung innerhalb der Beziehung. Man kann sich nicht lösen, obwohl der Verstand Alarm schlägt. Unsere Beziehung tut uns nicht gut und alle raten, endlich Schluss zu machen. Der Volksmund bezeichnet diese Krankheit als Klammern. Die Fehleinschätzung, die dahinter steckt ist die Angst, keine weitere Chance für eine Beziehung zu bekommen. Das ist frühkindlich geprägt, zum Beispiel durch schroffe Zurückweisung. Mitunter ist die Mutter auch weggelaufen oder hat sich tot gestellt. Dahinter steht aber auch die Uneinsichtigkeit, dass es halt nicht mit jeder Frau bzw. jedem Mann klappen kann. Solche Personen halten an der erstbesten Beziehung fest, koste es was es wolle. Ein extremes Beispiel für negative Prägung ist auch die Krankheit „Männlichkeitswahn". Dieser Wahn ist der verzweifelte Versuch, mit Gewalt eine archetypische Paarbeziehung herzustellen, Aggression ist dabei das Wichtigste und nicht etwa Liebe und Partnerschaft. Solche Frauen wollen einen so genannten dominanten Mann und wollen unterdrückt werden. Diese Frauen sagen bewusst, dass sie unterdrückt werden wollen und nicht etwa, dass sie es dem Mann leicht machen wollen. Gerade das wollen sie nämlich nicht. Dafür ist das Männerbild zu negativ. Personen mit Männlichkeitswahn sind Psychopathen. Die werden gefährlich, nicht nur dass die Unterdrückungskämpfe auch körperliche Gewalt mit einschließen, sondern solche Frauen machen auf den zweiten Blick eine entscheidende Einschränkung was Unterdrückung angeht. Die Krankheit heißt: Ich will unterdrückt werden, aber nur von einem echten Mann. Echte Männer gibt es bei dieser Krankheit aber nicht. Nicht nur das Männerbild, sondern auch das Frauenbild ist äußerst schlecht: jegliche Verantwortung für die Beziehung lehnt sie kategorisch ab. Das Schlüsselerlebnis für diese Krankheit liegt in früher Kindheit, einem Alter, wo man noch nicht differenzieren kann zwischen Mutter und den Frauen allgemein. „Mutter" steht stellvertretend für alle Frauen und auch „Vater" steht in früher Kindheit stellvertretend für alle Männer. Das Schlüsselerlebnis besteht in einem Mutter-Kind-Konflikt, bei dem die Mutter im Unrecht und das Kind im Recht war. Vater sollte dann auf Mutters Wunsch hin ein sogenanntes Machtwort sprechen und in ihrem Sinne den Konflikt beenden. Eigentlich war er unter Mutters Pantoffel und hatte nicht viel zu sagen, aber jetzt kam es auf ihn an und das hat er sichtlich genossen. Vielleicht hat Mutter sogar gebettelt oder sich klein gemacht. Auf Kosten der Gerechtigkeit und auf Kosten des Kindes spricht ihr Pantoffelheld das verlangte Machtwort, wie sie es ihm auf die Zunge gelegt hat. Aus so einer Situation rührt das gleichermaßen schlechte Männer- und Frauenbild – schlimmer kann es fast nicht sein.

Das Gegenstück zu Männlichkeitswahn ist lila Gleichmacherei. Weiblichkeitswahn gibt es im psychiatrischen Sinne nicht!

Kinder, die positiv geprägt wurden, machen es ihrem zukünftigen Mann beziehungsweise Frau relativ leicht und haben nicht so viele Probleme mit dem anderen Geschlecht. Es gehört zum erwachsenen Sozialverhalten, sich seiner eigenen Prägung bewusst zu werden und diese gegebenenfalls zu korrigieren.

Die Mehrheit der Frauen diskutiert mitunter kontrovers mit ihren Männern. Die meisten Frauen setzen sich aber in letzter Konsequenz nicht über ihre Männer hinweg, sondern lenken irgendwann ein. Das müssen sie auch. Reine Psychologie. Eine Ausnahme gibt es aber, wenn der Mann Unrecht tut! Hier ein extremes Fallbeispiel, das fast jeder Psychologe kennt: Vater trinkt, schlägt seine Familie und macht Inzestschweinereien. Mutter ist total eingeschüchtert und devot, sieht weg und macht nichts. Meistens sind die Kinder solcher Eltern in Psychotherapie, dabei müssten die Eltern auch in Psychotherapie, und zwar beide.

Menschen, die glauben, alles erstreiten zu müssen, sei gesagt, dass sich liebe, gefällige Frauen meistens auch einen lieben, gefälligen Mann suchen. Solche Paare kommen mit denkbar wenig Streit aus!

Ob Frau oder Mann mehr zu sagen hat, wird von Mensch zu Mensch unterschiedlich erlebt. Es ist aber definitiv so, dass Frau und Mann gleich stark sind.

Die normale Lebensform ist mittlerweile das Single-Dasein. Inzwischen gibt es ganze Städte, die zur Hälfte aus Single-Haushalten bestehen. Der genaue Grund dafür ist nicht bekannt, die Paare finden sich nicht mehr. Das wird im Wesentlichen auch mit Psyche zusammenhängen. Jeder vierte Mensch in Deutschland gilt inzwischen als psychisch krank, allerdings ist nichts unmöglich. Nach dem Krieg war jeder dritte Deutsche heimatvertrieben. Länder wie Pommern, Preußen, Schlesien oder das Sudetenland gab es auf einmal nicht mehr und so verteilten sich die meisten Vertriebenen über Westdeutschland. Es bestand kaum noch die Chance, den geplanten Partner zu finden, aber trotzdem waren viele Flüchtlinge gut verheiratet. Eine Chance auf Liebe und Partnerschaft gibt es immer. Jedes Zerwürfnis, jede Familienzerrüttung und natürlich auch jede Ehescheidung ist eine moralisch-ethische Kapitulation vor den eigenen Maßstäben. Man hat es einmal gut gemeint und es anders geplant und was ist daraus geworden? Oft genug sind es wirklich triviale Gründe und manchmal nur das schnöde Geld, das zum Zerwürfnis führt. Manche Leute sind nur zu egoistisch und vermessen für Freundschaft oder Ehe.

Immer mehr Menschen erwecken den Eindruck, das Gemeinwesen müsse sich den Interessen des Individuums unterordnen und nicht mehr umgekehrt, wie es früher normal war. Die Freiheit des Individuums hört da auf, wo die Freiheit des anderen beginnt. Selbstverständlich muss sich in letzter Konsequenz das Individuum dem Gelingen des großen Ganzen unterordnen.

Die Therapie

Als ich mit 18 Jahren in Psychotherapie ging, war Krankheit für mich nur ein überflüssiges Übel. Ich wollte möglichst schnell gesund werden, um dann so zu tun, als ob nichts gewesen wäre. Spätestens in einer Klinik für Psychotherapie habe ich gemerkt, dass das mit dem Gesundwerden kurzfristig nichts wird. Das Thema Psyche und Therapie war viel komplexer als ich dachte. Bei vielen sogenannten körperlichen Krankheiten kann man als Patient nicht viel zur Genesung beisteuern. Psychotherapie ist da ganz anders. Man kann nur aktiv durch Selbstreflexion, Nachdenken und Fühlen gesund werden. Ich hatte mal einen Stationsarzt kennengelernt, der in der Psychiatrie für die medikamentöse Einstellung zuständig war. Das hatte in diesem Moment mit Selbstreflexion und Nachdenken nichts zu tun. Dieser Arzt war eine totale Fehlbesetzung. Er konnte mit Menschen überhaupt nicht umgehen und war vom Typ her ein Knochenbrecher und kein Arzt. Er glaubte, man müsse in fünf Wochen gesund sein. War man das nicht, unterstellte er, man würde sich gegen seine Medikation wehren. So etwas ist natürlich ganz großer Blödsinn. Man kann sich gar nicht gegen die Wirkung von Medikamenten wehren, egal in welchem Fachgebiet. Ich möchte Ihnen noch ein zweites Negativbeispiel nennen. Ich hatte mal eine niedergelassene Ärztin kennengelernt, die Doktor der Psychiatrie und Psychotherapeutin war. Psychiater sind auch für Medikation und Klinikeinweisungen zuständig. Das machte sie aber gar nicht, weil das eine viel zu große Verantwortung ist. Stattdessen führte sie nur noch Gespräche, aber das konnte sie auch nicht. Diese Ärztin war dafür bekannt, dass sie alle Patienten nach kurzer Zeit als „geheilt" entlassen hat. Dem war natürlich nicht so, aber sie konnte mit den Patienten nichts anfangen und das beruhte wohl auf Gegenseitigkeit.

Neben der sogenannten Schulmedizin gibt es auch den „grauen Therapiemarkt". Sein Ruf ist teilweise schlecht, weil es oft nach Therapie in Hinterzimmern riecht. Ich sehe solche Therapien durchaus kritisch, obwohl auch Heilerfolge gefeiert werden. Nehmen wir als Beispiele den Exorzismus oder das sogenannte Clearing. Exorzismus hat nicht nur einen schlechten Ruf, sondern ist in Deutschland auch verboten. In den siebziger Jahren hat es einen Exorzismus mit Todesfolge gegeben, der Fall „Anneliese Michel". Natürlich ist es Quatsch, an Teufel und Dämonen zu glauben, außerdem sind Menschen durch ihre Aura vor dem Jenseits geschützt – sie merken noch nicht einmal, wenn ihnen Engel oder Verstorbene die Hand auflegen. Im Gegensatz zum kirchlichen Exorzismus ist Clearing ist eine Spielart, die man vielleicht als

„Exorzismus light" bezeichnen könnte. Bei ihm wird der Patient in Trance versetzt und der Clearingtherapeut versucht, die Verstorbenen im Umfeld des Patienten zu verabschieden. Es kann dabei zu plötzlichen Heilerfolgen kommen, wenn es gelingt, eine Krankheit zu verabschieden, für die man jenseitige Mächte verantwortlich macht. Ein Clearingerfolg beruht darauf, dass es den meisten Menschen einfacher fällt, etwas fremd Verursachtes zu verabschieden, als eine selbst verursachte Krankheit. Im Allgemeinen sind Heilerfolge bei Clearing aber selten und beruhen im Kern darauf, dem Patienten etwas einzureden, was ihm dann wieder ausgeredet wird.   Wehe, so etwas läuft schief, dann haben wir einen zweiten Fall „Anneliese Michel".

Ein umfangreiches Feld auf dem grauen Therapiemarkt stellt die Trancetherapie dar. Ein Beispiel ist die Reinkarnationstherapie, die auch als Rückführung bezeichnet wird. Hierbei wird der Patient in Trance versetzt und in frühere Phasen seines Lebens zurückgeführt. Das ganze Leben, jeder Tag, ist von der Seele aufgezeichnet. So kann man Menschen in ihre frühe Kindheit zurückführen und etwa den Tag der Einschulung oder den fünften Geburtstag noch einmal durchleben lassen. Interessant wird es, wenn man auf der Zeitspur noch weiter zurückgeht. Man kann auch in die Zeit vor der Geburt zurückgehen und so erkunden, ob

Mutter vielleicht gestürzt ist, als sie schwanger war. Wenn man noch weiter zurückgeht, befindet man sich im letzten Leben, das genauso aufgezeichnet ist wie das jetzige, halt von der Empfängnis bis zum Tod. Solche Rückführungen sind nicht ganz ungefährlich – die Menschen sind nicht gleich empfänglich für Trance und es ist auch nicht jeder Tag gleich. Rückführungen können insofern schief gehen, dass man die Patienten nicht wieder in die Gegenwart zurückholen kann. Außerdem können Krankheiten wie Phobien oder Schizophrenie ausbrechen, wenn man die Patienten in akut psychotische Phasen zurückführt.

Eine besondere Spielart von Trancetherapie ist die sogenannte Dianetik. Die Dianetik wurde von dem Scientology-Gründer Ron Hubbard entwickelt. Vor längerer Zeit hatte ich einen Scientologen kennen gelernt, der mir das Verfahren der Dianetik näher brachte. Ich habe dann aber den Kontakt abgebrochen, weil mich die Scientologen isolieren wollten. Ich sollte den Kontakt zu meiner Familie und meinem Freundeskreis abbrechen, weil diese keine Scientologen waren. Außerdem verkauft Scientology das dianetische Verfahren als Allheilmittel für sämtliche psychische Krankheiten. Das kam mir schon damals spanisch vor. Die Ursachen für psychische Krankheiten sind vielfältig. Sie können ein Zeichen für Überforderung sein, karmisch bedingt, geprägt oder auch genetisch einprogrammiert sein. Depressionen sind beispielsweise immer ein Zeichen dafür, dass Vergangenes nicht verarbeitet werden kann und man sich gegen die Zukunft ansieht. Wenn Ron Hubbard die Dianetik als eine psychotherapeutische Variante vorgestellt hätte, müsste man das anerkennen. Aber er musste die Dianetik ja unbedingt als Allheilmittel verkaufen und eine gefährliche Sekte gründen. Und nun zur Dianetik selbst: um sie zu verstehen, muss man wissen, was ein posthypnotischer Befehl ist. Ein Hypnotiseur kann posthypnotische Befehle im Unterbewusstsein seiner Probanden einpflanzen. Dazu hypnotisiert er ihn und sagt zum Beispiel: Wenn ich mich an die Krawatte fasse, bekommen Sie einen großen Hustenanfall. Ohne dass der Proband weiß, was ihm da eingepflanzt wurde, bekommt er jetzt jedes Mal einen großen Hustenanfall, wenn sich der Hypnotiseur an die Krawatte fasst. Es ist ein Automatismus, eine zwanghafte Handlung. Hubbard stellte fest, dass es keines Hypnotiseurs bedarf für einen posthypnotischen Befehl, denn der Verstand gibt bei körperlichem Schmerz oder schmerzlicher Emotion für einige Sekunden das Unterbewusstsein frei und auf diese Weise können Wörter oder sogar vollständige Sätze ins Unterbewusstsein gelangen. Das bedeutet ganz konkret, dass das, was im Umfeld gesprochen wird, bei Schmerzen direkt als posthypnotische Befehle dem Unterbewusstsein eingepflanzt wird. Hubbard nennt solche Befehle Engramme. Mit dem Verfahren der Dianetik werden solche Engramme bewusst und somit unschädlich gemacht. Dazu geht man, wie bei der Reinkarnationstherapie, auf der Zeitspur zurück und sucht das Unterbewusstsein systematisch nach Engrammen ab. Man darf wirklich keine Werbung für Scientology machen, aber das Verfahren der Dianetik funktioniert.

Sogenannte „sanfte Therapien" nehmen auf dem grauen Therapiemarkt einen großen Raum ein, beispielsweise Bachblütentherapie oder Reiki. Der Effekt bei solchen Therapien ist genauso zu bewerten wie bei Nahrungsergänzungsmitteln. Man fühlt sich wohler, vorausgesetzt, dass man an die Wirkung glaubt. Glaube versetzt Berge. Gegen eine positive Selbstprogrammierung und positives Denken hingegen ist nichts einzuwenden. Eine Möglichkeit, sich positiv zu programmieren, ist die harmlose Lichtmeditation. Legen Sie sich hin und stellen Sie sich vor, dass ein weißes Licht ihren Körper durchströmt, es kommt durch die Augen, dann durch Nase und Mund und wandert langsam von Kopf bis Fuß durch den ganzen Körper. Ich programmiere mich auch positiv, indem ich mir jeden Tag sage: Die Planeten wühlen astrologisch ständig meine Seele um mit dem Ziel, alles zu einem guten Ende zu führen. Damit wären wir beim Thema Astrologie. Astrologen müssen nüchterne Rechner sein, aber auch halbe Psychologen.

Mit reiner Rechnerei kommt man auf dem Gebiet der Astrologie nicht weiter. Lassen Sie mich als Beispiel das Horoskop von Julius Caesar nehmen. Rom war damals schon eine große Stadt. Es gab bestimmt 300 Menschen, die am gleichen Tag wie Caesar in Rom geboren wurden. Der Astrologe muss dabei von Angesicht zu Angesicht herausfinden, was für ein persönliches Potential sein Klient hat. Nicht jeder der 300 Geburtstagskinder damals hatte das gleiche Potential wie Caesar. Die Menschenkenntnis des Astrologen spielt eine große Rolle. Wenn man einen Astrologen aufsucht, sollte dieser als erstes eine Überschrift für das Horoskop finden, dann sollte schriftlich auf die verschiedenen Aspekte hingewiesen werden nach dem Motto: Alter Weg - neuer Weg. Wenn man aber ein Fehlverhalten, das horoskopisch angezeigt ist, ändern möchte, muss der entsprechende Aspekt in astrologische Bearbeitung kommen. Ohne eine solche Bearbeitung würde man trotz vieler Bemühungen immer wieder in das alte Fehlverhalten zurückfallen. Man kann sich nicht im Alter von 20 Jahren vornehmen, alle horoskopischen Probleme innerhalb von zwei Jahren zu lösen. Die astrologische Bearbeitung braucht Zeit, so wie die Psychotherapie auch. Es wäre der Sache dienlich, jedes Jahr zu erfragen, welche Aspekte aktuell in Bearbeitung sind beziehungsweise kommen. Entscheidend ist beim Horoskop, dass man aus ihm nicht aussteigen kann. Das jetzige Horoskop sattelt ursächlich auf dem Horoskop des letzten Lebens auf. Das bedeutet, dass man ein Horoskop auch karmisch deuten kann. Dabei kann man gucken, was man so ungefähr im letzten Leben getan und gelassen hat. Rückläufige Planeten zeigen an, dass man im letzten Leben den vollen Lernwert nicht erreicht hat. Normale Leute haben normale Horoskope, aber der Astrologe sollte auch durchaus etwaige Besonderheiten erwähnen wie kreative Intelligenz oder magische Fähigkeiten.

Der graue Therapiemarkt ist so vielfältig, dass es kaum jemanden gibt, der alles kennt. Vorsicht ist durchaus geboten, ich lehne aber nicht alles in Bausch und Bogen ab. Es gibt zwei Kriterien, die man als Patient beachten sollte:

1.   Wie viel darf es kosten?
2.   Keine sektenähnlichen Strukturen

Der medizinische Fortschritt ist auch kritisch zu sehen. Wenn man als austherapierter Krebs- oder Schlaganfallpatient Monate und Jahre ans Bett gefesselt ist und so auf seinen Tod warten muss, ist es unnötiges Leid. Ich erinnere mich noch mit Grauen, als ich Oma auf ihrem Sterbelager besuchte. Oma hatte bereits aufgegeben und den Kampf gegen den Krebs verloren. Sie sagte zu mir auf Plattdeutsch: Andreas, hal man datt Broatmess! (Hol mal das Brotmesser). Was sie damit wohl meinte? Darf man Menschen das Sterben verbieten oder gibt es sogar ein Recht zu sterben? Vor 50 Jahren drängte sich diese Frage noch nicht auf, weil die medizinischen Voraussetzungen noch nicht gegeben waren, den Tod möglichst weit hinauszuschieben. Mittlerweile müssen wir uns, ausgestattet mit Magensonde und Herz- Lungenmaschine, die Frage stellen, was zum Leben gehört. Dazu gibt es zwei Kriterien:

1. Genuss

2. Lernwert

Wenn noch nicht einmal mehr Lernwert gegeben ist, ist es besser zu sterben.

Die Politik

Die einfachste Art zu denken ist das Schwarz-Weiß-Denken. Das müssen wir ablegen und uns mehr Mühe geben als noch vor 20 geschweige denn 50 Jahren! Wir müssen lernen, wie erwachsene Menschen miteinander umzugehen! Ein Amerikaner hat mal gesagt: Wenn Wahlen etwas ändern könnten, wären sie verboten. Dazu muss man sagen, dass die USA ein anderes Wahlsystem hat als wir in Deutschland. In Washington zieht der ins Parlament ein, der in seinem Wahlkreis die meisten Stimmen hat. Das nennt man Mehrheitswahlrecht. Deutschland hat hingegen Verhältniswahlrecht. Jede Partei, die mehr als 5% der Stimmen holt, zieht anteilmäßig ins Parlament ein. Insofern ist politischer Protest in Deutschland eher möglich als in den USA. Die USA legen mehr Wert auf größtmögliche Stabilität. Ich erinnere beim Stichwort Protest an die Hamburgwahl, bei der Amtsrichter Ronald Schill mit seiner Partei der rechtsstaatlichen Offensive auf Anhieb 20% geholt hat. Das Besondere dabei war, dass Schill eigentlich nur ein Wahlkampfthema hatte, nämlich Kriminalitätsbekämpfung. Viele Hamburger hatten die Nase voll von den vielen Kaputten und Kriminellen, die ihre Viertel verunsicherten, zumal das Kriminalitätsproblem vom politischen Establishment auch gar nicht aufgegriffen wurde. Da ist denen was aus dem Ruder gelaufen. Insofern hat eine Protestwahl auch sicherlich ihre Berechtigung. Das Problem bei Protestparteien besteht darin, dass sie gar kein politisches Vollprogramm haben. Sie decken das politische Spektrum gar nicht ab, sondern reiten nur auf einem oder zwei Themen rum. Was will ein Ronald Schill mit dem Umwelt- oder Verkehrsressort? Die beiden normalen Parteien in Deutschland sind CDU und SPD. Das sind die zwei Volksparteien mit einem politischen Vollprogramm. Wir haben zur Zeit vier Parteien im Bundestag, aber das geht gar nicht, zu jedem Thema vier unterschiedliche Meinungen zu haben. Mir hat mal ein Kommunalpolitiker gesagt, er habe in seiner Partei genauso viele Meinungen wie Mitglieder. So etwas ist aberwitzig. Eigentlich gibt es bloß Beispiel und Gegenbeispiel, aber es kann keine fünf, geschweige denn 50 Beispiele und Gegenbeispiele geben. So ein wirres Durcheinander nannten die Grünen damals Basisdemokratie. Jeder war sein eigener Bundeskanzler und keiner wollte sich was sagen lassen. Es war so, als wolle der Schwanz mit dem Hund wackeln. Bei aller Liebe, aber so etwas kann nicht klappen. Wenn man Politik machen will, muss auch ein gewisser Leistungsnachweis erbracht werden. Politik hat immer was damit zu tun, sich hochzuarbeiten. Mit Rummosern und Rumspinnerei hat Politik eigentlich gar nichts zu tun, obwohl manche Politiker einem das so vormachen. Bundeskanzler ist der schwerste Beruf, den Deutschland anzubieten hat. Es ist zwar richtig, dass man den amtierenden Bundeskanzler nicht wiederwählen muss, aber qualifizierte Herausforderer sind dünn gesät. Sachlichkeit ist in der Politik gefragt. Wenn ich so die letzten Jahrzehnte Revue passieren lasse, ist es damit aber auch ein bisschen besser geworden. Man erinnere sich bloß an den Gründungsparteitag der Grünen oder an die Kontroversen zwischen Klaus Bednarz und Gerhard Löwenthal. Von DDR-Größen wie Mielke und Schnitzler ganz zu schweigen!

In der US-Politik geht es viel zu viel um Freiheit. Es entsteht der Eindruck, als wäre sie bedroht, und das, obwohl gar kein Amerikaner einen Mitbürger kennt, der sie abschaffen will. Das ist alles bloß Leuteverrücktmacherei. Wenn Politiker zu sehr die Freiheit betonen, stehen sie oft dem Sozialdarwinismus (struggle for life, survival of the fittest) nahe und spielen mit ihrer Politik den Millionären in die Hände, in Deutschland beispielsweise die FDP. Die größte Freiheit der Tiere besteht darin, keine Angst haben zu müssen. Beim Menschen ist das eigentlich auch so. Die eigene Freiheit hört da auf, wo die Freiheit des anderen beginnt. Leider sind die USA ein Eldorado für Reiche geworden, nicht etwa für Arme und Unterbemittelte. Dass die meisten Einwanderer wegen der Freiheit in die USA gekommen sind, ist bloß ein nationaler Mythos, in Wahrheit sind sie wegen Armut nach Amerika gekommen. In den USA leben die reichsten Menschen der Welt und gleichzeitig die Ärmsten, das ist das Problem. Man kann die Logik einfach nicht verstehen, warum manche Menschen 100 Millionen $ oder mehr anhäufen und Mitbürger haben nicht das Geld, um ihre Kinder zum Arzt schicken zu können. Wahrscheinlich möchte jeder gerne reich sein, aber irgendwann ist eine Einkommensgrenze erreicht, wo man zufrieden sein kann. Je weniger Ideale man hat, desto wichtiger werden Statussymbole und dicke Bankkonten. Es gibt Cliquen, wo so etwas zum Gruppenzwang gehört. In Deutschland ist das Volkseinkommen auch zunehmend ungleich verteilt, aber hier ist zumindest jeder krankenversichert, und das seit über hundert Jahren. In solch reichen Ländern wie die USA muss ein Mindestmaß an Einkommen politisch garantiert werden, das gilt für alle reichen Länder. Es ist nur ein Gerücht, dass Armut automatisch Faulheit bedeutet. „Working Poor" heißt arm trotz Arbeit. Problematisch ist es, wenn der Arbeitgeber selbst wenig Geld hat. Der Sozialdarwinismus als Grundlage der Politik muss langsam der Vergangenheit angehören. Eine Politik muss immer die Stärkung des Mittelstandes zum Ziel haben. Wie sollte eine andere Argumentation wohl aussehen. Als ich Schüler war, wäre niemand von uns auf die Idee gekommen, unsere westdeutsche Heimat als arm zu bezeichnen. Unser ganzes Dorf war finanziell solide aufgestellt. Vom Prinzip her ist das glücklicherweise heute noch so, aber Armut und Working Poor sind längst ein Thema. Die Reichen sind heute reicher als noch vor dreißig Jahren und die Armen ärmer. Politik war immer eine Managementtätigkeit und wird es auch immer bleiben. Ohne Verstand geht es nicht. Letztlich ist es eine Gradwanderung zwischen wirtschaftlicher Vernunft und sozialem Engagement. Jesus Christus hat gesagt: Nicht die Gesunden brauchen den Arzt, sondern die Kranken. Das gilt natürlich auch für die Politik. Wer gesund ist und gut verdient, braucht keine Fürsorge von Politikern. Der Mensch hat zwei Zentren: zum einen den Verstand und zum anderen das Herz. Nur wenn die Balance von Verstand und Herz gelingt, bleibt Deutschland ein Normale-Leute-Land. Normale Leute brauchen normales Geld, halt Normalverdiener und nicht Working Poor.

Normale Leute ist auch das Stichwort zur Einwanderungspolitik! Normale Leute, die sich mit uns anfreunden und sich ihren Fähigkeiten entsprechend engagieren, können wir immer brauchen.

Das deutsche Problem der Vergreisung und Kinderarmut ist nur durch eine gezielte Einwanderung zu beheben. In vielen Städten und Landkreisen werden Lehrlinge und Fachkräfte händeringend gesucht. Ausländer sind in Deutschland nicht unbeliebt. Im Bereich der Unterhaltung und der Beköstigung sind sie sogar seit Jahrzehnten überproportional erfolgreich. Wir dürfen niemanden zum Ausländer abstempeln, der sich mit uns freundschaftlich verbunden fühlt. Deutsch ist, wer sich deutsch fühlt und Deutschland als seine Heimat bezeichnet.

Das wissen die Freunde und Verwandten in den Herkunftsländern der Einwanderer schon lange. Da Problem der gegenwärtigen Einwanderungspolitik ist ihr wilder und unkontrollierter Charakter. Dass ist ein Grund, warum in den letzten Jahrzehnten das menschliche Bedürfnis nach Berechenbarkeit und Überschaubarkeit überfordert worden ist!

Wir brauchen eine geplante und gesteuerte Einwanderungspolitik. Normale Leute sind herzlich willkommen, aber fünf bis zehn Prozent der Einwanderer taugen nicht. Wenn man einen Polizisten in Berlin fragen würde, würde der wahrscheinlich sagen, dass viel mehr als nur zehn Prozent nichts taugen. Weil sie sich abschotten und teilweise eine Art Staat im Staate sind, weil sie sich bei uns nur ins gemachte Nest setzen wollen, ohne mitzuarbeiten oder weil sie ganz einfach kriminell sind! Der einzige Rohstoff, den Deutschland hat, ist unser Knowhow. Für ein gutes Bildungsangebot zu sorgen ist Aufgabe der Politiker. Aber ein gutes Bildungsangebot muss auch angenommen werden. Das gilt für die Schüler, aber auch für deren Eltern. Welchen Beruf kann man ohne Schulabschluss ergreifen? Es gibt vor allem in den Großstädten Ausländer, die in einer Art Parallelgesellschaft leben und die Bildung in ihren Familien grob vernachlässigen! Das kann man nur extreme Gleichgültigkeit und Desinteresse nennen. Die Amerikaner kennen Viertel und Städte, die sie "forgotten town" nennen. Kein Lehrer, kein Arzt und auch kein Polizist will da mehr arbeiten. Schlimmer kann es für alle Beteiligten nicht kommen! Viele Schwarze in den USA klagen über Benachteiligung und Diskriminierung. Das mag teilweise auch berechtigt sein, aber die Martin-Luther-King-Zeit ist vorbei. Wir haben jetzt die Barack-Obama-Zeit! Wenn sich Schwarze hocharbeiten, wird das heute auch honoriert! Der einzige, gangbare Weg heißt "eine Hand wäscht die andere". Wir sind fair und geben jedem eine Chance und die Einwanderer geben sich Mühe und nehmen die Chance an.

Nach dem Krieg gab es so viele Invaliden, dass es durchaus normal war, sie zu beschäftigen, obwohl sie eigentlich gar keine volle Leistung bringen konnten. Es wurden Arbeitnehmer quasi mit durchgezogen, auf die man betriebswirtschaftlich hätte besser verzichten können. Das hat nicht jedes Unternehmen gemacht aber viele. Ein Kaufhaus bei uns hatte damals einen Fahrstuhlfahrer beschäftigt, der den ganzen Tag die Kundschaft von Stockwerk zu Stockwerk kutschierte. Natürlich brauchte dieses Kaufhaus diesen Fahrstuhlfahrer nicht. Jeder Kunde war in der Lage, den Fahrstuhl selber zu bedienen, aber der Fahrstuhlfahrer wurde so mit durchgezogen. Die Familie, der dieses Kaufhaus gehörte, hat diesen Mann von ihrem eigenen Geld bezahlt. Sie hat das aus sozialem Verantwortungsbewusstsein gemacht. Die meisten von uns werden sich wohl mit bissigen Kommentaren zurückhalten, aber nicht nur die BWL-Studenten werden solche Geschäftsleute heute für zu sentimental halten. Wir sind im Kapitalismus angekommen. So hart wie heute war das vor dreißig Jahren noch nicht.

Ich habe den Eindruck, dass Politiker bei uns einen schlechten Ruf haben. Der Volksmund sagt; Politik ist ein schmutziges Geschäft. Politiker gehen oft unfair miteinander um und es scheint, als wollten sie sich gegenseitig in die Scheiße reiten. Wenn sie so etwas vormachen, brauchen sie sich nicht zu wundern, dass Menschen an der Basis nur motzen und hetzen. Es ist ein Unterschied, ob jemand nur Oppositionspolitik macht oder in der Verantwortung steht, etwa als Bürgermeister. In der Politik geht es nie nur um Wünsche, sondern es gibt Sachzwänge, die den Handlungsspielraum der Politiker einschränken. Oft ist es das schnöde Geld, das politische Wünsche zerplatzen lässt. Wie sagt der BWLer? Naturkatastrophen sind selten, aber nicht knapp! Geld ist nicht selten, aber knapp durchaus!

Der Fehler in der Demokratie ist, dass zu viel von den Wahlberechtigten verlangt wird. Glücklicherweise gibt es neben den Politikern auch viele, die Politik als Hobby haben, aber voraussetzen darf man das nicht! Für viele ist eine ernsthafte Auseinandersetzung mit der Politik ganz einfach eine Überforderung. Trotzdem sollten sich alle Erwachsenen ein Mindestmaß für Politik interessieren. Wählen gehen ist eine kleine Wertschätzung des schwierigen Politikerberufs. Auch wenn man sich nicht so gut auskennt.

Die politische Bilanz ist in Deutschland aber nicht so schlecht wie ihr Ruf. Wie trostlos war es denn nach der Wende. Die ehemalige DDR hatte teilweise eine Arbeitslosenquote von 50% und mehr, und dann mussten damals noch Millionen Volksdeutsche aus Osteuropa aufgenommen werden. Die brauchten auch alle Arbeit und bezahlbaren Wohnraum. Das war auch für uns Westdeutsche ein Schock, was wir auf einmal für Probleme hatten. Da hat sich aber längst was zum Positiven verändert. Das Arbeitslosenproblem wie damals haben wir so nicht mehr, mittlerweile werden in vielen Branchen wieder Arbeitskräfte gesucht, und mit dem Umweltschutz ist es auch viel besser geworden. Alles in Allem muss man die Politiker auch mal loben. Im internationalen Vergleich hat Deutschland in den letzten Jahrzehnten immer gute Politiker gehabt, allen Unkenrufen zum Trotz. Wenn man über die Reinkarnationslehre nachdenkt, sind es immer die gleichen Frauen und Männer, die uns regieren. Die gleichen Leute, die vor Jahrtausenden Babylon oder Ägypten regiert haben, regieren heute immer noch, vorausgesetzt, dass sie sich gut von den Engeln beraten lassen und nicht zu lange in ihrer Entwicklung auf der Stelle treten. Ein Denker hat mal gesagt: Wenn man bleiben will, was man ist, muss man sich verändern! Besser kann man es nicht ausdrücken.

Die Demut

Papst Benedikt hat mal gesagt, er sei zwar Papst gewesen, aber trotzdem nur ein einfacher Arbeiter im Weinberg des Herrn. Beides ist richtig. Einerseits darf man den Menschen nicht ihr Lebenswerk streitig machen. Benedikt war halt nicht der Pastor von Kattenvenne am Ölberg, sondern er hat sich bis zum Papst hochgearbeitet. Andererseits sind wir alle nur einfache Arbeiter im Weinberg des Herrn, unabhängig von unserer Karriere! Wer nicht normal sein will, bekommt relativ kurzfristig Probleme. Er fällt bei seinen Mitmenschen durch Arroganz und Vermessenheit auf. Unabhängig von unserem Beruf hat uns der Herrgott einen schönen Streich gespielt, weil wir das, was wir als Charakter in uns tragen, äußerlich zum Ausdruck bringen, ganz zwangsläufig. Wenn beispielsweise jemand zu viel Wert auf Sozialprestige legt und was Besonderes sein will, spreizt er beim Trinken den kleinen Finger ab. Der kleine Finger ist der Gesellschaftsfinger. Wenn diese Person ihre Einstellung zu Sozialprestige und Statusdenken ändert, verschwindet auch das Symptom.

Schizophrene sind auch dafür bekannt, dass sie mitunter größenwahnsinnig sind. Während eines akutpsychotischen Schubs halten sie sich für hohe Tiere. Die Kliniken sind voll von Buddhas und

Napoleons sowie von Cleopatras und Eva Brauns. Dieser Größenwahn ist ein krankhafter Kompensationsversuch eines oft trostlosen Alltags. Beruflich und privat klappt bei den Psychotikern meistens nicht viel und während eines solchen Schubs halten sie sich dann für etwas ganz Besonderes. Von einem Extrem ins andere.

Ein besonders sensibles Beispiel zum Thema Hochmut ist der Fußfetischismus. Darunter versteht man den Zwang, vor dem Sex die Füße küssen zu müssen. Bei oberflächlicher Betrachtung wird dabei große Verehrung erkennbar. Doch wie denkt der Fußfetischist über das andere Geschlecht? Das ist die entscheidende Frage. Er bzw. sie denkt, dass das andere Geschlecht weniger Wert ist. Es wird auf einen Eigenwert reduziert, der das Füße küssen rechtfertigt, aber vom Denken her ist das andere Geschlecht ganz klar minderwertig. Das verstößt gegen das Prinzip, dass man seine Partnerin bzw. seinen Partner verehren muss. Man kann keine Partnerin wählen, die man verachtet. Verehrt man aber nicht im Kopf, fällt die Verehrung in die Körperlichkeit und zeigt sich als Füße küssen. Krankheit macht eben ehrlich. Füße küssen ist natürlich demütigend, was den Fetischisten aber nicht zu stören scheint. Er verspürt keinen Leidensdruck und ist psychisch nicht wirklich beeinträchtigt. Ändert der Fußfetischist sein Denken und wertet das andere Geschlecht   im

Kopf auf, verschwindet das Symptom und vom Füße küssen bleibt Hände küssen übrig, aus Fußfetischismus wird Handfetischismus. Das ist der offensichtliche Lernwert bei dieser Krankheit, insofern hat sie sich gelohnt. Wenn der Fußfetischist das schafft, sein Denken so zu korrigieren, dass er Handfetischist wird, ist er über dem Berg. Dann hat er seinen Krisispunkt (Tiefpunkt der Entwicklung) überwunden. Der alte Weg ist es, dass man eigentlich nur andere ändern will, eigene Fehler kann man nur schlecht zugeben. Wer einen Fußfetischisten als Partnerin oder Partner hat, muss sich großzügig zeigen. Die Nichtfetischisten haben Verehrung als Thema gar nicht gewählt und verehren auch nicht viel. Nur ein bisschen. Das Negativklischee ist bei weiblichen und männlichen Fußfetischisten unterschiedlich. Frauen und Männer haben unterschiedliche Stärken.

Ein weiteres Thema beschäftigt sich damit, wie männlich bzw. wie weiblich man ist. Je weniger Mann eine Frau zulassen kann, desto männlicher wird sie selber, bei Männern ist es natürlich umgekehrt. Dieses Symptom wird teilweise bei Homosexuellen sichtbar, wenn sie glauben, das andere Geschlecht gar nicht zu brauchen.

Ein weiteres Beispiel für mangelnde Demut ist die Unart, sich selber aufzuwerten, indem man andere abwertet, gerne mit Blick auf die da oben. Man glaubt, alles besser zu können, zumindest gleich gut, wie etwa bei den Fehlkalkulationen Berliner Flughafen oder Hamburger Elbphilharmonie. Manche Fußballfans blasen sich so auf, dass man glaubt, jeden Moment könne Franz Beckenbauer anrufen, um sich von ihnen beraten zu lassen. Dabei handelt es sich bloß um billige Kraftmeierei nach Stammtischmanier. Charaktere wie

1. Prahlhans

2. Wichtigtuer

3. Verkanntes Genie

Sich hoch zu arbeiten ist in jeder Branche erlaubt, bloß, dass sich diese Leute nie hochgearbeitet haben. Die Wichtigtuer suchen eigentlich nur ein paar Dumme, vor denen sie sich aufblasen können. Typisch ist der respektlose Unterton, wenn sie über andere sprechen. Sich selber aufzuwerten, indem man andere abwertet, wird auch im Verhältnis zu Gott deutlich. Es gibt Zeitgenossen, die gar keinen Gott über sich akzeptieren können und erklären ihn zu einer Art Kumpeltyp. Gott wird quasi aufs eigene Niveau herunter philosophiert. Gott ist unser aller Freund, aber mit Nachdruck auch unser aller Boss. Das wollen Leute mit Autoritätskomplex nicht wahrhaben.

Im Übrigen kennt Gott das Thema Demut nur zu gut. Jedes Organ, das Gott uns eingepflanzt hat, hat eine ganz besondere psychologische Entsprechung. Auch körperliche Krankheiten sind letztlich psychischen Ursprungs. Erst verändern sich Denken und Fühlen, dann manifestiert sich dieses im Körper. Das Ohr steht für Gehorsam. Damit ist nicht autoritärer Führungsstil und Dominanzgebaren gemeint, sondern man muss herausfiltern, was Gott einem sagen will. Gehorsam heißt immer Gehorsam gegenüber Gott. Wenn man nicht mehr hören will, was Gott einem sagen möchte, geht das aufs Gehör. Dann droht Schwerhörigkeit. Das Gehör ist zwar für uns wichtig, aber es ist nicht das wichtigste Sinnesorgan. Unser wichtigstes Sinnesorgan ist das Auge und sehen sollen wir uns immer selber, das heißt, Gott hält sich selber nicht für das Wichtigste. Das ist Demut.

Das Karma

Das Gesetz des Karma ist das von Ursache und Wirkung. Das Fundament, auf dem unser heutiges Leben ursächlich sattelt, ist unser Karma. Es besteht aus dem, was wir im letzten Leben getan und gelassen haben. Problematisch wird es, wenn man im letzten Leben etwas Schlimmes getan hat. Wenn man zum Beispiel gestohlen hat, spricht man vom Karma Diebstahl. Jede Ursache zieht eine entsprechende Wirkung nach sich. Wenn man also im letzten Leben gestohlen hat und noch nicht dafür bestraft wurde, zieht das im heutigen Leben eine Strafe nach sich, im Normalfall so, dass man selber bestohlen wird. Man nennt eine solche negative Fügung einen

Flash-Back

Wir beten im Vaterunser „…und führe uns nicht in Versuchung". Zu Recht. Wenn man beispielsweise zu Diebstahl fähig ist, kommt irgendwann die Versuchung bzw. die so genannte

Prüfung

Dann müssen wir uns entscheiden, ob wir uns versündigen oder es besser sein lassen. Entweder ich nutze die Gelegenheit und stehle jetzt, oder ich bleibe anständig. Man muss versuchen, positives Karma aufzubauen und natürlich negatives zu vermeiden. Ein Flash-Back ist immer bitter, besonders wenn es sich um einen isolierten Einzeltäter handelt. Ich kenne eine Kirchengemeinde, die schon seit Jahren von solch einem Menschen aufgesucht wird, der da randaliert. Das ist unfair, aber machen Sie Gott mal einen Vorschlag, wie er das ändern könnte. Wenn Gott 100%igen Opferschutz leisten wollte, müssten alle schlechten Menschen auf der Stelle tot umfallen und das geht natürlich nicht. Die meisten Menschen haben sich ein falsches Gottesbild zurecht geschnitzt. Sie glauben nicht mehr an Gott den Richter, vor dem sich ein jeder verantworten muss. Wenn man die Menschen fragt, ob sie der Ansicht sind, mit Verantwortung und Konsequenzen vor Gott zu leben, bejahen sie das jedoch meistens. Gleichzeitig glauben sie aber an Straffreiheit. Das ist ein Widerspruch. Die Metapher, die zum richtigen Gottesbild führt, lautet: Erkenne dich selbst, bevor du Gott erkennst! Es entspricht nicht dem menschlichen Rechtsempfinden, eine generelle Amnestie für alle Straftaten einzuführen. Ein Richter, der die Kriminellen alle nur so durchwinkt und straffrei lässt, kommt seiner Aufgabe, Gerechtigkeit zu sprechen, nicht nach. Es kann mitunter mildernde Umstände geben, aber viel mehr nicht. Das ist vor Gott genau so, aber er ist bei vielen Menschen zu einer einsilbigen Projektionsfläche geworden und damit werden sie ihm nicht gerecht.

Wer so lebt, als ob es Gott nicht gäbe, hat die Rechnung ohne den Wirt gemacht. Das erahnt sogar ein Atheist!

Die Menschen waren nie um Ausreden für ihre Straftaten verlegen. Die Nazis haben als Ausrede vorgebracht, dass sie gehorchen mussten. Sie hätten nicht aus eigenem Antrieb gehandelt, sondern haben lediglich Befehlen gefolgt. Es ist zwar richtig, dass man damals gehorchen musste, aber es ist ein Unterschied, ob sich jemand aus Angst angepasst hat oder aus Überzeugung Parteimitglied war. Mit einer anderen Ausrede haben es die RAF-Terroristen in den 70ern versucht. Sie wollten die Verantwortung auf die Gesellschaft abwälzen, frei nach dem Motto: Die Gesellschaft hat mich zum Terroristen gemacht. Es ist natürlich richtig, dass jeder von uns auch ein Produkt der Gesellschaft ist. Aber trotzdem darf man dabei nicht zum Terroristen werden. Ein Priester hat mir mal erzählt, zu ihm würde regelmäßig eine Frau in den Beichtstuhl kommen, die überhaupt keine Fehler zugeben konnte. Anstatt sich ihre Fehler einzugestehen, sagte sie immer: Ich klage an. Der Teufel hat mich dazu verführt, dass ich.....Diese Frau hatte ihren Krisispunkt noch lange nicht erreicht. Zum Thema „Sünde und Vergebung" muss man sagen: Jeder Heilige hat eine Vergangenheit und jeder Sünder eine Zukunft!

Das Gebet

Die Diskussion über die Existenz Gottes ist genauso albern wie die Frage: Was war eher da, das Huhn oder das Ei? Es gibt Gott seit ewigen Zeiten. Gott ist kein jenseitiges Wesen, das auf die Menschen wartet. So wichtig sind wir Menschen in diesem riesigen Universum nicht. Ich vermute, dass Gott das Universum selber ist, zumindest steht fest, dass das Universum lebt. Beten ist eine Möglichkeit, das Schicksal positiv zu beeinflussen. Es gab früher ein Kindergebet, das in den letzten Jahrzehnten in Ungnade gefallen ist. Das Gebet lautet: „Irgendwo ein Auge ist, das alles sieht, auch was in dunkler Nacht geschieht." Dieses Gebet sollte eine Erziehungshilfe sein und den Kindern Angst machen, genauso wie die Schauermärchen vom Buhmann oder dem Nachtkrapp. Wenn wir uns das Kindergebet genauer ansehen, ist es gar nicht so schlecht, man muss es den Kindern nur richtig erklären. Das Auge ist natürlich Gott, der immer auf die Menschen aufpasst. Gott ist auch immer Gottrichter und bestraft auch. Deshalb muss man sich Mühe geben, ein guter Mensch zu sein. Das Credo heißt: Was du nicht willst, das man dir tut, das füg auch keinem anderen zu. Wenn jetzt aber andere Menschen dem Kind etwas Böses wollen, ist Gott auf der Seite des Kindes und bestraft die Missetäter. Gott kann auch helfen.

Wenn Gott uns in einer schwierigen Lage geholfen hat, spricht man von einer

Erhörung.

Unsere Gebete sind erhört worden. Wenn wir beten, sollte irgendwann durch geläuterte Frömmigkeit eine innere Haltung daraus werden, die Haltung, Gutes zu tun und Gutes zu empfangen. Durch Beten kann man in erster Linie drei Dinge erreichen:

1. Eingabe

2. Fügung

3. Omen

Von einer Eingabe spricht man beispielsweise, wenn man in einer Buchhandlung stöbert und auf ein Buch aufmerksam wird, das für den eigenen weiteren Weg wichtig ist. Von einer Fügung spricht man, wenn man zufällig auf einen Menschen trifft, der im positiven Sinne wichtig für uns wird. Von einem Omen spricht man, wenn sich Gott direkt zu erkennen gibt, etwa wenn man von einem Baum oder einem Bild angesprochen wird. Für ein Omen sollte man gezielt beten: „Bitte lieber Gott, gib dich zu erkennen! Bitte gib mir ein O-men!" Wenn man so betet, sollte man aus dem Kindesalter raus sein. Wenn man zu jung ist, ist es oft reines Wunschdenken, was man sich zusammen philosophiert. Natürlich muss man auch unterscheiden zwischen Spuk und Omen. Ein Omen von Gott ist nie negativ oder boshaft.

Durch Beten kann man den Zufall positiv beeinflussen, allerdings darf man sich dabei auch nichts vormachen. Wenn man jeden Tag dafür betet, dass man in der Stadt einen Parkplatz bekommt oder den letzten Bus noch schafft, kommt man natürlich zu einer Bilanz, dass Gott einem 10 000mal im Leben geholfen hat, realistisch ist aber nur, dass man etwa 10mal im Leben erhört wird. Man ertappt sich zwar dabei, dass man gerne für jeden Kiki betet, aber helfen tut Gott nur bei wichtigen Ereignissen und Entscheidungen. Wen interessiert heute noch, was wir für Zensuren im 6. Schuljahr bekommen haben, wichtig ist eigentlich nur das Schulabgangszeugnis. Die Frage ist auch, ob es Gott überhaupt immer möglich war, uns zu helfen, oft standen wir uns selber im Wege und hätten selber was ändern müssen. Beispielhaft hierfür ist die Anekdote von dem Mann, der immer gebetet hat, Gott möge ihm zu einem Lottogewinn verhelfen. Irgendwann sagte Gott dann zu ihm: Gib mir doch wenigstens die Chance, dir zu helfen und kaufe endlich einen Lottoschein! Beim Beten geht es aber nicht immer darum, das Bestmöglichste für sich rauszuschlagen. Das erinnert an eine Kosten-Nutzen-Rechnung, die zwar gut in unsere kapitalistische Zeit passt, aber uns nicht weiterbringt. Kosten-Nutzen-Denken ist eher beleidigend und passt auch nicht zu Freundschaft und Familie. Man soll zu Gott beten, damit er sich darüber freut, dass wir an ihn denken. Mit seinem persönlichen Schutzengel sollte man auch in Kontakt bleiben, auch wenn man keine direkte Antwort bekommt. Damit sollte man nicht bis zum Tode warten.

Coming Age. Das kommende Zeitalter

Er will sich nicht anpassen, verweigert den Austausch mit seinen Nachbarn und gründet seinen Fähigkeiten entsprechend überall Interessenvertretungen. Kennen Sie solche Leute? Die Deutsche Bank? Die Rüstungsindustrie? Die politischen Parteien? Okay, das stimmt. Aber nicht nur. Wir modernen Menschen sind so, wie oben beschrieben. Die passende Krankheit dazu ist Krebs. Wir haben Krebs, weil wir wie Krebszellen sind. Jede Zeit hat seine Modekrankheiten und Krebs passt wunderbar in unsere heutige Welt. Genetisch bedingte Krankheiten wurden vor der Inkarnation einprogrammiert, das kann teilweise bei Krebs auch zutreffen. Und natürlich kann man sich auch vergiften. Wenn man 50 Zigaretten am Tag raucht, muss man sich nicht wundern, wenn man Krebs bekommt, aber entscheidend ist, wie man denkt und fühlt. Unser Denken und Fühlen manifestiert sich im Körper als Krankheit oder gegebenenfalls auch als Heilung. Man kann überall Krebs bekommen außer am Herzen. Es gibt keinen Herzkrebs. Warum? Weil das Herz als Symbol für die Liebe steht und davor hat selbst der Krebs Respekt. Das deutsche Wort „leben" kommt ursprünglich von „lieben". Legen Sie sich mal in einer sternklaren Sommernacht auf den Rasen und blicken in den dunklen Himmel. Normalerweise müssten wir kleinen Menschen uns in diesem riesigen und unwirtlichen Universum verloren fühlen. Das Gegenteil ist aber der Fall. Das Universum strahlt Liebe aus und das ist das Grundgefühl, das Gott allem Leben gegenüber hat.

Je mehr Wahrheit eine Politik oder eine Religion enthält, desto größer ihre Ausbreitung und desto länger ihr Bestehen. Der größte Prophet aller Zeiten war demnach Jesus Christus, aus verständlichen Gründen. Christus hat die Liebe gelehrt! Wie im Evangelium eindrucksvoll nachzulesen ist. Aber auch die anderen Weltreligionen müssen ihrer Gewichtung entsprechend ernst genommen werden. Es ist Aufgabe der Historiker zu kucken, was die Propheten an gesellschaftlichen Prämissen vorgefunden haben und was dann daraus wurde. Es ist zu billig zu glauben, die Propheten hätten nur dem Volk aufs Maul geschaut. Oft wurden die Religionen das Gegenteil von dem, was an gesellschaftlichen Prämissen vorgefunden wurde. Eine Religion oder Politik muss auch vor Gott bestehen können. Wenn man sich nur Unsinn ausdenkt, kann es nicht klappen. Je mehr Menschen es gibt, desto mehr Propheten gibt es auch, mittlere und kleine. Jeder, der an Gott glaubt, fühlt, dass man ein guter Mensch sein muss. Das erahnen sogar Atheisten. Es gibt aber Gottesleute, die durch ihr Fehlverhalten das Ansehen Gottes in der Öffentlichkeit beschädigen. Das gilt nicht nur für Al Qaida. Das entscheidende Kriterium für eine gute Philosophie ist Achtung vor der Kreatur. Wenn Journalisten vermuten, dass das nicht gegeben ist und sogar Isolationstendenzen und Geheimniskrämerei dazu kommen, ist es Zeit nachzuhaken.

Coming-Age ist ein anderes Wort für Esoterik. Es ist der Astrologie entlehnt und heißt „Neues Zeitalter". Jeder, der über dreißig Jahre ist, weiß, dass jedes Jahrzehnt seinen eigenen Stallgeruch hat. Ein Erdenjahr, ein so genanntes Äon, umfasst natürlich nicht nur ein Jahrzehnt, sondern 2000 Jahre. Die großen gesellschaftlichen Umbrüche im 20. Jahrhundert läuteten das neue Zeitalter ein. Jetzt ist Zeit für Esoterik. Die Kirche ist seit den 60er Jahren auf absteigendem Ast. Dieser Trend ist auch nicht mehr umkehrbar. Die verbliebenen 10% Kirchgänger sind meistens über 60. In 30 Jahren wird es in Ländern wie Deutschland keine Kirchgänger und keine Priester mehr geben. Die Generation, die eine politische Lösung für die vielen leeren Kirchengebäude und Pfarrheime finden muss, ist längst erwachsen. Insofern würde ich sagen, dass wir Esoteriker gar keine eigene Kirche brauchen. Das wäre wohl eine Totgeburt. Man kann als Esoteriker aber auch eine andere Kirche unterstützen, wenn man diese für gut befindet und als Kulturgut erhalten möchte. Die Esoterik ist in diesem Sinne keine Verdrängungsreligion. An Stelle fester Termine in einer Kirche könnten wir mit

Freunden ein so genanntes Sit-Inn organisieren, um esoterische Denkansätze und Positionen zu diskutieren. Ich behaupte, mit jeder nachwachsenden Generation wird der Anteil an Esoterikern größer. Das ist Teil der Reinkarnationslehre. Man lernt in jedem Leben dazu. Es gibt nur zwei Gründe, um zu inkarnieren:

1. Genuss

2. Selbsterlösung

Genuss ist angenehm und geht ohne Körper nicht. Ohne Körper kann man sich noch nicht einmal in die Sonne legen. Selbsterlösung ist wichtig, aber nicht unbedingt angenehm: Die Erlösung geht nur über das eigene Kreuz.

Wenn man eine Brille braucht, ist das fast schon ein Zeichen dafür, dass man seinen Krisispunkt überwunden hat. Das, was man nicht sehen will, ist immer man selber. Man muss sich seine eigenen Fehler verzeihen können, dann braucht man keine Brille. Das Problem bei den Menschen, die noch keine Brille brauchen, besteht darin, dass sie sich selber Fehler verzeihen, die sie bei anderen übel nehmen. Der alte Weg ist, sich selber zu verzeihen und anderen nicht. Irgendwann kommt aber bei jedem die Zeit des großen Mea Culpa! Dann hat man Schuld- und Schamgefühle. Dann muss man wieder neu lernen, sich selber zu verzeihen.

Ein anderes Indiz, dass man seinen Krisispunkt überwunden hat, ist das Auftreten psychischer Krankheit. Psychische Krankheiten passen gut in unsere Zeit. Noch nie wurde so viel vom Einzelnen verlangt wie in unserer heutigen Leistungsgesellschaft. Schon früh lernen die Kinder, was Uhrzeit ist. Wenn aber jemand einen Burn Out hat, wird das auch karmisch bedingt sein. Der Burn Out ist nicht nur die Bilanz der letzten paar Jahre, sondern die Bilanz sämtlicher Vorleben. Das gilt auch für andere psychische Krankheiten. Die Phase nach dem Krisispunkt nennt man

Metamorphose.

Zur Metamorphose gehören auch Einsamkeit und Stille. Die Erfahrung von Einsamkeit ist die Bekanntmachung mit sich selbst. Grübeln ist sicherlich nicht immer die angenehmste Beschäftigung, gehört aber dazu. Wichtig ist es beim Nachdenken, auf seine Gefühle zu achten. Der Mensch hat zwei Zentren, zum einen den Verstand und zum anderen das Herz. Es geht jetzt millionenfach in die Metamorphose, manche langsamer, andere schneller. Die Zeit ist reif. Das Problem besteht darin, dass die Menschen nicht alle gleich alt sind. Auf hundert oder zweihundert Jahre kommt es sicherlich nicht an, aber wenn bestimmte Zeitgenossen erst in 1000 Jahren ihren Krisispunkt erreichen, werden sie uns noch viele Probleme bereiten.

Die Esoterik ist ein evolutionärer Erkenntnis- weg. Das geht nicht alles von heute auf morgen. Man lernt in jedem Leben dazu. Nachdenken, Nachdenken, Nachdenken – Fühlen, Fühlen, Füh- len. Irgendwann wird die esoterische Religion wie eine reife Frucht vom Baum gepflückt, halt dann, wenn es so weit ist. Es gibt auch Zeitgenossen, die durch ein göttliches Omen auf die Esoterik auf- merksam werden. Diese Menschen haben es mit- unter schwer, sich mit esoterischen Inhalten anzu- freunden, es beten ja nicht nur Esoteriker für ein Omen.

Wie geht es mit uns Menschen weiter? Viele Andersgläubige glauben an ein Finale im Himmel, an ein jenseitiges Paradies. Das gibt es aber nicht. Wie sollte das auch wohl aussehen. Wenn man stirbt, trennt sich die Seele vom Körper. Die Men- schen, die gestorben sind, flattern einfach als Geist in der Gegend herum, sie sind mitten unter uns. Himmel, Fegefeuer oder Hölle gibt es nicht, es gibt eigentlich gar keine jenseitige Welt. Man kann da sogar genau hinter kommen, wie es im Jenseits ist, nämlich durch mediale Fähigkeiten. Diese beson- dere Begabung ist relativ selten und befähigt dazu, mit Verstorbenen und Engeln zu telepathieren. Solche Fähigkeiten sind astrologisch angezeigt. Man nennt diese Menschen

Geistmedium.

Die erste Generation von Geistmedien entwickelte sich in den siebziger Jahren: der Lernwert sämtlicher Vorleben. Es gibt Schwarzmagier, die durch sogenanntes Gläserrücken mit dem Jenseits in Kontakt treten wollen. Davor kann man nur warnen, die Quelle ist unsauber, man weiß nicht, wer sich da meldet. Wenn man beispielsweise Buddha oder Napoleon anruft, setzt sich das Glas auch in Bewegung, aber natürlich nicht durch Buddha oder Napoleon. Das zu glauben ist absurd. Man kann durch Spiritismus auch psychisch krank werden, auch eine exogene Schizophrenie bekommen. Ein bedrückendes Beispiel ist der Mordfall Ruga.

Es gibt Bücher zum Thema Nahtoderfahrung. Die sind ganz unterhaltsam, aber beschreiben nur ein medizinisches Phänomen. Wenn das Gehirn mit Sauerstoff unterversorgt wird, tritt ein angenehmer Rauschzustand ein, der dann als Nahtoderfahrung wahrgenommen wird. Der Tod als solcher ist unspektakulär. Neben alten Bekannten, die man mitunter wiedersieht, hat jeder Mensch auch einen persönlichen Schutzengel. Mit dem wird dann das zurückliegende Leben besprochen. Wenn man kein guter Mensch war, will man das wahrscheinlich gar nicht. Man möchte ja nicht kritisiert werden. Wenn man sich aber viel Mühe gegeben hat und sogar gemeinnützig engagiert war oder verantwortungsvoll Kinder groß gezogen hat, wird man von den Engeln gelobt.

Zum Thema Seele lässt sich noch sagen, dass auch Tiere, selbst Pflanzen eine Seele haben, da spricht man aber von

Deva

und nicht von Seele. Schreiben Sie auf einen Zettel „Ich liebe das Tier!" und legen Sie den Zettel in eine Schublade. Dann wissen Tiere, dass Sie ihr Freund sind. Das kriegen die raus! Bei ausreichend medialen Fähigkeiten kann man sogar mit Tieren und Pflanzen sprechen.

Die Buddhisten glauben nicht an ein jenseitiges Paradies, sondern an das Nirvana. Mit Nirvana meinte Buddha den Zustand der Flamme nach dem Erlöschen. Einen solchen Zustand gibt es natürlich nicht, das wäre ein Nichts. Wie groß muss bei den Buddhisten der Leidensdruck sein, wenn sie darauf hin arbeiten, am Ende ihrer Laufbahn verpuffen zu dürfen. Ein Freund von mir sagte mal: Die Europäer freuen sich, wenn sie wiedergeboren werden können, und die Asiaten wollen das unbedingt vermeiden. Die Heimat des Menschen ist diese Erde und kein jenseitiges Paradies und erst recht kein Nirvana. Eine Religion darf nicht als Himmelfahrtskommando angelegt sein. Todessehnsucht mag manchmal verständlich sein, lehren darf man sie aber nicht. Die Esoterik ist eine auf

das Diesseits orientierte Religion. Über die Zukunft der Menschheit mag man philosophieren, es
gibt aber auch Greifbares, was sicher ist. Die Menschen entwickeln sich während ihrer Metamorphose zu sogenannten

Bodhisattvas.

Der Mensch hat nicht automatisch eine größere
Würde als das Tier, aber im Gegensatz zum Tier
kann der Mensch weise werden. Der Bodhisattva
ist

weise

geworden und hat Verstand und Herzstimme in
Einklang gebracht. Er übernimmt für sich und andere Verantwortung. Er ist in der Lage, ein Gefühl
von Dankbarkeit in sich groß werden zu lassen
und weiß, dass das die Grundvoraussetzung für
Glück ist. Das Bibelzitat „Macht Euch die Erde
untertan" gilt nicht mehr. Da ist die Grenze des
guten Geschmacks längst überschritten. Der
Mensch hat immer im Kopf nach Lösungen gesucht. Das ehrt unsere Studenten zwar sehr und
durchaus zu recht, wenn die einfachen Leute intel-
lektuelle Lösungen auf sie projizieren. Dennoch
sind die meisten Studenten Realist genug, um zu
wissen, dass sich ihr persönlicher Beitrag für das
Gemeinwohl in einem überschaubaren Rahmen
bewegen wird. Ein Denker hat mal folgende Über-
legung angestellt: An der ersten Tür steht „Him-

melreich" und an der zweiten steht „Vorträge über das Himmelreich". Wo würden Sie reingehen? Würden nicht viele von uns in die zweite Tür reingehen? Wahrscheinlich könnten sie es sogar erklären: Man will keine Überraschungen erleben, will nicht ins offene Messer laufen. Aber genau das ist der Fehler unserer Zeit: Man muss alles erklären. Maurer oder Panzergrenadier sind keine Frauenberufe. Muss man das erklären?

Wenn man flüchtig ein philosophisches Lexikon studiert, wird man feststellen, dass es eigentlich schon alles an Politik und Religion gibt. Alles, was es in Zukunft geben wird, wird ein Déjà-vu sein. Es kann nichts Neues mehr erfunden werden. Da, wo wir in der Vergangenheit versagt haben, müssen wir nachholen und es besser machen. Es heißt jetzt nachdenken, nachdenken, nachdenken und vor allem auch fühlen, fühlen, fühlen. Jetzt ist das Herz an der Reihe. Der Bodhisattva ist gütig, egal wer er in der Vergangenheit war. Wo viel Schatten ist, ist auch viel Licht. Das Heil der Menschheit liegt in der Gemeinschaft der Bodhisattvas.

Die Weltanschauung Europas ist der real existierende Nihilismus: Alles und gleichzeitig Nichts! Jeder pocht auf seine persönliche Freiheit und will überall für sich das meiste rausholen. Nicht nur finanziell, sondern auch in seinen Beziehungen. Sogar die Beziehung zu Gott wird einer schnöden Kosten/Nutzen-Rechnung unterzogen. Ziel ist es in einer solchen Umgebung, die Esoterik auf 15 bis 20 Prozent Hardcore hochzukochen! Mittelfristig schaffen wir das! Der Bauer sagt: Rom wurde nicht an einem Tag erbaut!

Muskeln sind die Kraft, die uns vorantreiben. Wenn man seinen Weg nicht weitergehen will, bekommt man Probleme mit den Muskeln, beispielsweise Nackenschmerzen oder Wadenkrämpfe. Nicht jede Krankheit tut weh, Muskelbeschwerden mitunter aber ganz geheuer. Das ist ein dringender Appell, seinen geraden Weg weiterzugehen, den Blick der Zukunft zugewandt. Milliarden Menschen haben unterschiedliche Biografien und Schicksale. Alle eint aber ein Ziel: der Bodhisattva. Was lange währt, wird endlich gut. Wie es in 100 000 Jahren mit uns Menschen aussieht, kann niemand sagen, aber zwei Dinge sind uns sicher: Gott hat jeden von uns auserwählt für ewiges Leben und das einzige, was von uns bleibt ist das Gute, was wir geschaffen und die Liebe, die wir gegeben haben. Alles andere ist dann vergeben und vergessen. Wie sagt der Physiker? Zeit wird Raum, aber die Liebe bleibt!

Zeitfracht Medien GmbH
Ferdinand-Jühlke-Straße 7
99095 Erfurt, Deutschland
produktsicherheit@kolibri360.de